The Fox And The Dream Butterfly: And Other Bilingual French-English Stories For Kids

Pomme Bilingual

Published by Pomme Bilingual, 2024.

While every precaution has been taken in the preparation of this book, the publisher assumes no responsibility for errors or omissions, or for damages resulting from the use of the information contained herein.

THE FOX AND THE DREAM BUTTERFLY: AND OTHER BILINGUAL FRENCH-ENGLISH STORIES FOR KIDS

First edition. July 23, 2024.

ISBN: 979-8227926487

Written by Pomme Bilingual.

Table of Contents

Le Petit Hérisson et le Grand Mystère

Dans une clairière paisible, où les rayons du soleil dansaient à travers les feuilles des arbres, vivait un petit hérisson nommé Hugo. Hugo était curieux et toujours en quête de nouvelles découvertes. Un matin, alors que la brume matinale s'évaporait, Hugo se réveilla avec une question brûlante : "Quel est le plus grand mystère de la forêt ?"

Hugo décida de partir à l'aventure pour trouver la réponse. Il fit ses adieux à sa famille et s'enfonça dans la forêt. Sur son chemin, il rencontra un vieux hibou sage, perché sur une branche haute.

« Bonjour, Hibou sage, » dit Hugo. « Sais-tu quel est le plus grand mystère de la forêt ? »

Le hibou hocha lentement la tête. « Le plus grand mystère de la forêt est caché dans le cœur de chaque être vivant, petit hérisson. Continue ton chemin, et tu découvriras peut-être ta propre réponse. »

Hugo continua sa route, rencontrant divers habitants de la forêt. Il croisa une famille de lapins qui creusaient des tunnels complexes, des écureuils qui amassaient des provisions pour l'hiver, et même une tortue qui parcourait lentement son chemin à travers la clairière.

Chaque rencontre apportait une nouvelle perspective. Les lapins lui dirent que le plus grand mystère résidait dans la manière dont ils trouvaient toujours leur chemin sous terre. Les écureuils pensaient que c'était dans la magie de trouver des noix cachées, et la tortue croyait que c'était le secret de la patience.

Cependant, aucune de ces réponses ne satisfaisait pleinement la curiosité de Hugo. Un jour, alors qu'il se sentait un peu découragé, il rencontra un vieux renard qui semblait connaître tous les secrets de la forêt.

« Petit hérisson, » dit le renard avec un sourire énigmatique, « le plus grand mystère de la forêt est quelque chose que tu portes toujours avec toi. »

Hugo regarda autour de lui, confus. « Que veux-tu dire, Renard ? »

« Réfléchis à tes aventures et à ce que tu as appris, » répondit le renard avant de disparaître dans les buissons.

Hugo s'assit sous un grand chêne et se mit à réfléchir. Il pensa aux leçons de courage, de curiosité, et de persévérance qu'il avait apprises de ses amis de la forêt. Et soudain, il comprit.

Le plus grand mystère de la forêt n'était pas une chose unique ou cachée, mais plutôt un ensemble de petites choses que l'on découvre à travers l'amitié, l'apprentissage et la quête de connaissances.

Hugo retourna chez lui, le cœur léger et plein de joie. Il partagea ses découvertes avec sa famille, et chaque soir, ils se racontaient des histoires sur les mystères qu'ils découvraient ensemble.

Et ainsi, le petit hérisson avait découvert que le plus grand mystère de la forêt était la beauté des petites choses et les leçons que l'on apprend en chemin.

The Little Hedgehog and the Great Mystery

In a peaceful clearing, where sunbeams danced through the leaves of the trees, lived a little hedgehog named Hugo. Hugo was curious and always in search of new discoveries. One morning, as the morning mist evaporated, Hugo woke up with a burning question: "What is the greatest mystery of the forest?"

Hugo decided to go on an adventure to find the answer. He bid farewell to his family and ventured into the forest. On his way, he met a wise old owl perched on a high branch.

"Hello, Wise Owl," said Hugo. "Do you know what the greatest mystery of the forest is?"

The owl nodded slowly. "The greatest mystery of the forest is hidden in the heart of every living being, little hedgehog. Continue your journey, and you may find your own answer."

Hugo continued on his way, meeting various forest inhabitants. He encountered a family of rabbits digging complex tunnels, squirrels gathering provisions for the winter, and even a turtle slowly making its way through the clearing.

Each encounter brought a new perspective. The rabbits told him that the greatest mystery lay in how they always found their way underground. The squirrels thought it was in the magic of finding hidden nuts, and the turtle believed it was the secret of patience.

However, none of these answers fully satisfied Hugo's curiosity. One day, feeling a bit discouraged, he met an old fox who seemed to know all the secrets of the forest.

"Little hedgehog," said the fox with an enigmatic smile, "the greatest mystery of the forest is something you always carry with you."

Hugo looked around, confused. "What do you mean, Fox?"

"Think about your adventures and what you have learned," replied the fox before disappearing into the bushes.

Hugo sat under a large oak tree and began to reflect. He thought about the lessons of courage, curiosity, and perseverance he had learned from his forest friends. And suddenly, he understood.

The greatest mystery of the forest was not a single hidden thing, but rather a collection of little things discovered through friendship, learning, and the quest for knowledge.

Hugo returned home, his heart light and full of joy. He shared his discoveries with his family, and every evening, they told stories about the mysteries they discovered together.

And thus, the little hedgehog discovered that the greatest mystery of the forest was the beauty of small things and the lessons learned along the way.

La Baleine qui Chuchotait aux Étoiles

Dans les profondeurs d'un océan mystérieux, où les coraux brillaient de mille couleurs et où les poissons dansaient comme des étoiles filantes, vivait une jeune baleine nommée Lilou. Lilou était différente des autres baleines. Alors que ses amis aimaient jouer et plonger, elle préférait contempler la voûte céleste, émerveillée par la lueur des étoiles.

Un soir, tandis que la lune éclairait l'océan d'une lumière douce et argentée, Lilou entendit un chuchotement étrange. C'était une voix douce et mélodieuse qui semblait venir des profondeurs mêmes de l'univers. Intriguée, Lilou s'approcha de la surface de l'eau, tendant ses oreilles pour mieux entendre.

« Lilou, » murmura la voix. « Je suis Étoila, la gardienne des étoiles. Nous avons besoin de ton aide. »

« Mon aide ? » répondit Lilou, surprise. « Mais que puis-je faire, moi, une simple baleine ? »

Étoila expliqua que les étoiles étaient en train de s'éteindre, une par une, et que seule une créature pure de cœur, capable de rêver et de croire en l'impossible, pourrait les rallumer. Lilou, touchée par cette histoire, accepta immédiatement la mission.

« Comment puis-je aider ? » demanda-t-elle avec détermination.

« Suis la lumière des étoiles, » répondit Étoila. « Elle te guidera vers les Éclats d'Étoile, des fragments magiques qui ont le pouvoir de raviver la lumière des étoiles. »

Et ainsi, Lilou commença son incroyable voyage à travers les océans. Elle rencontra de nombreuses créatures marines qui l'aidèrent de différentes manières. Un jour, un sage dauphin lui apprit à écouter les courants marins pour trouver les Éclats d'Étoile cachés. Une autre fois, un calamar géant lui montra comment utiliser la bioluminescence pour voir dans les abysses sombres.

Chaque Éclat d'Étoile trouvé était une victoire, mais aussi un défi. Lilou devait faire preuve de courage, de patience, et de persévérance. Elle plongea dans des grottes profondes, affronta des tempêtes sous-marines, et fit face à des créatures marines jamais vues auparavant.

Lors d'une nuit particulièrement sombre, alors qu'elle se sentait presque vaincue, Lilou se souvint des mots d'Étoila : « Crois en l'impossible. » Inspirée par ces paroles, elle continua malgré tout, découvrant finalement le dernier Éclat d'Étoile dans une vallée sous-marine cachée.

Avec tous les Éclats d'Étoile réunis, Lilou retourna à la surface de l'océan. Là, elle se mit à chanter une mélodie douce et envoûtante. Les Éclats d'Étoile s'illuminèrent alors, projetant des rayons de lumière vers le ciel nocturne. Une à une, les étoiles commencèrent à briller à nouveau, plus brillantes et plus belles que jamais.

Étoila apparut devant Lilou, ses yeux remplis de gratitude. « Merci, Lilou. Grâce à toi, les étoiles brillent de nouveau, et l'espoir renaît dans le cœur de tous les êtres. »

Lilou, épuisée mais heureuse, sourit. Elle savait maintenant que même une simple baleine pouvait accomplir de grandes choses en croyant en ses rêves et en n'abandonnant jamais.

Elle retourna chez elle, accueillie en héroïne par ses amis et sa famille. Chaque soir, elle regardait les étoiles avec une nouvelle compréhension et un cœur plein de gratitude.

Et ainsi, la baleine qui chuchotait aux étoiles devint une légende dans l'océan, une histoire que les parents racontaient à leurs enfants pour leur rappeler de toujours croire en leurs rêves et de ne jamais sous-estimer leur propre force intérieure.

The Whale Who Whispered to the Stars

In the depths of a mysterious ocean, where corals glowed with a thousand colors and fish danced like shooting stars, lived a young whale named Lilou. Lilou was different from other whales. While her friends loved to play and dive, she preferred to gaze at the night sky, mesmerized by the twinkle of the stars.

One evening, as the moon bathed the ocean in a soft, silver light, Lilou heard a strange whisper. It was a sweet, melodious voice that seemed to come from the very depths of the universe. Intrigued, Lilou swam to the surface, straining her ears to listen.

"Lilou," the voice whispered. "I am Etoila, the guardian of the stars. We need your help."

"My help?" replied Lilou, surprised. "But what can I do, a simple whale?"

Etoila explained that the stars were fading, one by one, and only a creature pure of heart, capable of dreaming and believing in the impossible, could reignite them. Lilou, moved by this story, immediately accepted the mission.

"How can I help?" she asked with determination.

"Follow the light of the stars," Etoila answered. "It will guide you to the Star Shards, magical fragments that have the power to rekindle the starlight."

And so, Lilou began her incredible journey across the oceans. She met many marine creatures who helped her in various ways. One day, a wise dolphin taught her to listen to the ocean currents to find hidden Star Shards. Another time, a giant squid showed her how to use bioluminescence to see in the dark depths.

Each Star Shard found was a victory, but also a challenge. Lilou had to show courage, patience, and perseverance. She dove into deep caves, faced underwater storms, and encountered marine creatures never seen before.

On a particularly dark night, when she felt almost defeated, Lilou remembered Etoila's words: "Believe in the impossible." Inspired by these words, she continued despite everything, finally discovering the last Star Shard in a hidden underwater valley.

With all the Star Shards gathered, Lilou returned to the ocean's surface. There, she began to sing a soft and enchanting melody. The Star Shards lit up, casting beams of light into the night sky. One by one, the stars began to shine again, brighter and more beautiful than ever.

Etoila appeared before Lilou, her eyes filled with gratitude. "Thank you, Lilou. Thanks to you, the stars shine again, and hope is reborn in the hearts of all beings."

Lilou, exhausted but happy, smiled. She now knew that even a simple whale could accomplish great things by believing in her dreams and never giving up.

She returned home, welcomed as a hero by her friends and family. Every evening, she looked at the stars with a new understanding and a heart full of gratitude.

And so, the whale who whispered to the stars became a legend in the ocean, a story parents told their children to remind them to always believe in their dreams and never underestimate their inner strength.

Le Renard et le Papillon des Rêves

Dans un coin reculé de la forêt, où les arbres étaient si hauts qu'ils semblaient toucher le ciel et où les ruisseaux chantaient des mélodies apaisantes, vivait un petit renard nommé Rémi. Rémi n'était pas un renard ordinaire. Il était connu dans toute la forêt pour sa curiosité insatiable et son cœur pur.

Un soir, alors que le soleil se couchait, peignant le ciel de nuances de rose et d'or, Rémi décida d'explorer une partie de la forêt qu'il n'avait jamais visitée auparavant. Il marcha, écoutant les murmures des arbres et le doux bourdonnement des insectes, jusqu'à ce qu'il arrive à une clairière illuminée par la lumière douce des lucioles.

Au centre de la clairière, il aperçut quelque chose de magnifique : un papillon aux ailes chatoyantes de mille couleurs. Fasciné, Rémi s'approcha doucement. Le papillon semblait danser dans l'air, dessinant des arabesques lumineuses.

« Bonjour, petit renard, » dit le papillon d'une voix douce et mélodieuse. « Je suis Aurora, le Papillon des Rêves. »

Rémi, ébloui par la beauté d'Aurora, inclina la tête en signe de respect. « Bonjour, Aurora. Que fais-tu ici, dans cette clairière enchantée ? »

Aurora expliqua qu'elle avait le pouvoir d'aider les créatures de la forêt à réaliser leurs rêves les plus chers. Mais pour cela, elle avait besoin de quelqu'un de pur de cœur pour l'aider à retrouver les fragments de rêve dispersés dans la forêt.

Rémi, touché par cette mission noble, accepta immédiatement d'aider Aurora. Ensemble, ils partirent à l'aventure, guidés par la lumière des lucioles et les étoiles scintillantes.

Leur premier arrêt fut près d'un vieux chêne, où ils rencontrèrent une chouette sage nommée Olivia. Olivia leur donna un indice : « Cherchez près de la cascade où l'eau murmure des secrets anciens. » Rémi et Aurora remercièrent Olivia et se dirigèrent vers la cascade.

En arrivant à la cascade, ils furent émerveillés par la beauté de l'eau qui tombait en cascade, créant un arc-en-ciel de gouttelettes scintillantes. Rémi plongea dans les eaux fraîches et trouva le premier fragment de rêve, une petite étoile lumineuse, cachée parmi les pierres moussues.

« Bien joué, Rémi, » dit Aurora avec un sourire. « Mais notre quête ne fait que commencer. »

Ils continuèrent leur voyage, traversant des champs de fleurs sauvages, escaladant des montagnes escarpées, et explorant des grottes sombres et mystérieuses. À chaque étape, Rémi apprit quelque chose de nouveau. Une tortue nommée Téo lui enseigna la patience en traversant lentement une rivière tumultueuse, tandis qu'un hérisson nommé Hugo lui montra la valeur de la persévérance en escaladant une colline rocailleuse.

Au fil de leurs aventures, Rémi et Aurora découvrirent de nombreux fragments de rêve, chacun ajoutant une nouvelle étoile brillante dans le ciel nocturne. Rémi se rendit compte que chaque fragment représentait un rêve cher à une créature de la forêt, et il se sentit honoré de pouvoir aider à les réaliser.

Un jour, ils atteignirent une vallée cachée, baignée de lumière dorée. Au centre de cette vallée, ils trouvèrent le dernier fragment de rêve, brillant de mille feux. Rémi le ramassa avec précaution et le plaça avec les autres fragments dans une petite poche en soie qu'Aurora portait.

« Nous y sommes, » dit Aurora avec émotion. « Grâce à toi, Rémi, les rêves de la forêt vont briller à nouveau. »

Rémi regarda le ciel, où les étoiles brillaient plus intensément que jamais. Il se sentit empli de fierté et de gratitude.

Aurora ouvrit ses ailes et, d'un battement délicat, libéra les fragments de rêve dans le ciel nocturne. Les fragments s'élevèrent, illuminant la forêt d'une lumière douce et magique.

« Merci, Rémi, » murmura Aurora. « Tu as montré à tous que même le plus petit des renards peut accomplir de grandes choses avec un cœur pur et des rêves sincères. »

Rémi, fatigué mais heureux, retourna chez lui, accueilli en héros par ses amis et sa famille. Chaque soir, il regardait les étoiles avec une nouvelle compréhension et un cœur plein de gratitude.

Et ainsi, le renard et le papillon des rêves devinrent une légende dans la forêt, une histoire que les parents racontaient à leurs enfants pour leur rappeler de toujours croire en leurs rêves et de ne jamais sous-estimer leur propre force intérieure.

The Fox and the Dream Butterfly

In a secluded corner of the forest, where the trees were so tall they seemed to touch the sky and where streams sang soothing melodies, lived a little fox named Rémi. Rémi was not an ordinary fox. He was known throughout the forest for his insatiable curiosity and pure heart.

One evening, as the sun set, painting the sky in shades of pink and gold, Rémi decided to explore a part of the forest he had never visited before. He walked, listening to the whispers of the trees and the gentle hum of insects, until he reached a clearing illuminated by the soft light of fireflies.

In the center of the clearing, he saw something magnificent: a butterfly with shimmering wings of a thousand colors. Fascinated, Rémi approached quietly. The butterfly seemed to dance in the air, drawing luminous arabesques.

"Hello, little fox," said the butterfly in a soft, melodious voice. "I am Aurora, the Dream Butterfly."

Rémi, dazzled by Aurora's beauty, bowed his head in respect. "Hello, Aurora. What are you doing here in this enchanted clearing?"

Aurora explained that she had the power to help the forest creatures realize their dearest dreams. But for that, she needed someone pure of heart to help her find the dream fragments scattered throughout the forest.

Rémi, touched by this noble mission, immediately agreed to help Aurora. Together, they set out on their adventure, guided by the light of the fireflies and the twinkling stars.

Their first stop was near an old oak tree, where they met a wise owl named Olivia. Olivia gave them a clue: "Look near the waterfall where the water whispers ancient secrets." Rémi and Aurora thanked Olivia and headed for the waterfall.

Upon reaching the waterfall, they were amazed by the beauty of the cascading water, creating a rainbow of shimmering droplets. Rémi dove into the cool waters and found the first dream fragment, a small shining star, hidden among the mossy stones.

"Well done, Rémi," said Aurora with a smile. "But our quest has just begun."

They continued their journey, crossing wildflower fields, climbing steep mountains, and exploring dark, mysterious caves. At each stage, Rémi learned something new. A turtle named Téo taught him patience while slowly crossing a turbulent river, while a hedgehog named Hugo showed him the value of perseverance by climbing a rocky hill.

Through their adventures, Rémi and Aurora discovered many dream fragments, each adding a new shining star to the night sky. Rémi realized that each fragment represented a cherished dream of a forest creature, and he felt honored to help fulfill them.

One day, they reached a hidden valley bathed in golden light. In the center of this valley, they found the last dream fragment, shining brightly. Rémi carefully picked it up and placed it with the other fragments in a small silk pouch that Aurora carried.

"We did it," said Aurora with emotion. "Thanks to you, Rémi, the forest's dreams will shine again."

Rémi looked at the sky, where the stars shone more intensely than ever. He felt filled with pride and gratitude.

Aurora opened her wings and, with a delicate flutter, released the dream fragments into the night sky. The fragments rose, illuminating the forest with a soft, magical light.

"Thank you, Rémi," whispered Aurora. "You have shown everyone that even the smallest fox can achieve great things with a pure heart and sincere dreams."

Rémi, tired but happy, returned home, welcomed as a hero by his friends and family. Every evening, he looked at the stars with a new understanding and a heart full of gratitude.

And so, the fox and the dream butterfly became a legend in the forest, a story parents told their children to remind them to always believe in their dreams and never underestimate their inner strength.

L'Écureuil et la Lune Étoilée

Dans une forêt profonde, où les arbres étaient si hauts qu'ils semblaient toucher le ciel et où les feuilles murmuraient des secrets anciens, vivait un écureuil nommé Léo. Léo n'était pas un écureuil ordinaire. Il aimait passer ses nuits à observer la lune et les étoiles, rêvant d'aventures lointaines et de mystères à résoudre.

Un soir, alors que la lune était pleine et brillante, Léo remarqua quelque chose d'étrange. Une étoile filante traversa le ciel, laissant derrière elle une traînée d'étincelles. Curieux et émerveillé, Léo décida de suivre cette étoile jusqu'à l'endroit où elle semblait s'être posée.

Il courut à travers la forêt, escaladant des branches et sautant par-dessus des ruisseaux, jusqu'à ce qu'il arrive à une clairière lumineuse. Là, au centre, se trouvait une pierre lumineuse, scintillante de mille feux. En s'approchant, Léo réalisa que ce n'était pas une pierre ordinaire, mais un fragment d'étoile.

« Bonjour, petit écureuil, » murmura une voix douce et apaisante. Léo sursauta et chercha autour de lui, jusqu'à ce qu'il aperçoive une silhouette argentée émergeant de l'ombre. C'était Luna, la gardienne de la Lune.

« Luna ! » s'exclama Léo. « Que fais-tu ici dans cette clairière ? »

Luna sourit doucement. « Ce fragment d'étoile est tombé du ciel et il est de la plus haute importance de le ramener là-haut pour que l'éclat de la lune reste intact. »

Léo, touché par l'urgence de la situation, offrit immédiatement son aide. « Je veux bien t'aider, Luna. Mais comment pouvons-nous ramener ce fragment là-haut ? »

« Il y a un ancien sentier, » répondit Luna. « Un chemin secret connu de peu, qui mène au sommet de la montagne la plus haute. C'est là que nous devons aller. »

Avec détermination, Léo et Luna commencèrent leur voyage. Leur première épreuve fut de traverser la Forêt des Ombres, un endroit sombre et mystérieux où les arbres semblaient murmurer des avertissements. Mais Léo, guidé par la lumière douce de Luna, avançait sans peur.

En traversant la forêt, ils rencontrèrent un hibou sage nommé Orion. « Prenez ce cristal de lumière, » dit Orion, en tendant un petit cristal brillant. « Il vous guidera à travers les ténèbres. »

Grâce au cristal, ils naviguèrent à travers la Forêt des Ombres et atteignirent les collines ondoyantes. Là, ils rencontrèrent un renard rusé nommé Felix, qui leur montra un raccourci à travers un labyrinthe de tunnels souterrains. « Faites attention, » avertit Felix. « Ces tunnels sont anciens et peuvent être traîtres. »

Léo et Luna avancèrent prudemment, suivant les conseils de Felix. Ils traversèrent les tunnels avec succès et se retrouvèrent à l'entrée de la Montagne des Étoiles. La montée était ardue, chaque pas demandant un effort considérable. Mais Léo, encouragé par la présence apaisante de Luna et la mission qu'ils portaient, continua avec courage.

À mi-chemin, ils rencontrèrent un ours majestueux nommé Baloo, qui leur offrit du miel et des baies pour restaurer leurs forces. « Vous êtes presque au sommet, » dit Baloo avec une voix réconfortante. « Ne perdez pas espoir. »

Finalement, après de nombreuses heures de marche et de défis surmontés, ils atteignirent le sommet de la Montagne des Étoiles. Là, Luna leva le fragment d'étoile vers le ciel. Une lumière éblouissante enveloppa la montagne et le fragment s'éleva, rejoignant les étoiles dans une explosion de lumière.

« Merci, Léo, » dit Luna avec gratitude. « Grâce à toi, la lune et les étoiles continueront de briller, guidant et inspirant tous ceux qui les regardent. »

Léo, épuisé mais heureux, sourit. Il savait maintenant que même un petit écureuil pouvait accomplir de grandes choses avec du courage et un cœur pur. Ils retournèrent à la forêt, où Léo fut accueilli en héros par ses amis et sa famille. Chaque soir, en regardant la lune et les étoiles, Léo se souvenait de son aventure extraordinaire et des leçons qu'il avait apprises.

Et ainsi, l'histoire de l'écureuil et de la lune étoilée devint une légende dans la forêt, racontée de génération en génération pour inspirer les petits animaux à croire en eux-mêmes et à poursuivre leurs rêves, peu importe les obstacles.

The Squirrel and the Starry Moon

In a deep forest, where the trees were so tall they seemed to touch the sky and the leaves whispered ancient secrets, lived a squirrel named Léo. Léo was not an ordinary squirrel. He loved spending his nights observing the moon and stars, dreaming of distant adventures and mysteries to solve.

One evening, when the moon was full and bright, Léo noticed something strange. A shooting star streaked across the sky, leaving a trail of sparks behind. Curious and fascinated, Léo decided to follow the star to where it seemed to have landed.

He ran through the forest, climbing branches and jumping over streams, until he arrived at a luminous clearing. There, in the center, was a glowing stone, shimmering with a thousand lights. As he approached, Léo realized it was not an ordinary stone but a fragment of a star.

"Hello, little squirrel," murmured a soft and soothing voice. Léo jumped and looked around until he saw a silver figure emerging from the shadows. It was Luna, the guardian of the Moon.

"Luna!" exclaimed Léo. "What are you doing here in this clearing?"

Luna smiled gently. "This star fragment fell from the sky, and it is of the utmost importance to return it up there to keep the moon's glow intact."

Léo, touched by the urgency of the situation, immediately offered his help. "I will help you, Luna. But how can we return this fragment up there?"

"There is an ancient path," replied Luna. "A secret trail known to few, leading to the top of the highest mountain. That is where we must go."

With determination, Léo and Luna began their journey. Their first challenge was to cross the Forest of Shadows, a dark and mysterious place where the trees seemed to whisper warnings. But Léo, guided by Luna's soft light, moved forward without fear.

As they crossed the forest, they met a wise owl named Orion. "Take this light crystal," said Orion, handing over a small glowing crystal. "It will guide you through the darkness."

With the crystal, they navigated through the Forest of Shadows and reached the rolling hills. There, they met a cunning fox named Felix, who showed them a shortcut through a maze of underground tunnels. "Be careful," warned Felix. "These tunnels are ancient and can be treacherous."

Léo and Luna proceeded cautiously, following Felix's advice. They successfully crossed the tunnels and found themselves at the base of the Star Mountain. The climb was arduous, each step requiring considerable effort. But Léo, encouraged by Luna's soothing presence and the mission they carried, pressed on with courage.

Halfway up, they met a majestic bear named Baloo, who offered them honey and berries to restore their strength. "You are almost at the top," said Baloo in a comforting voice. "Do not lose hope."

Finally, after many hours of climbing and overcoming challenges, they reached the summit of the Star Mountain. There, Luna raised the star fragment to the sky. A dazzling light enveloped the mountain, and the fragment ascended, joining the stars in an explosion of light.

"Thank you, Léo," said Luna with gratitude. "Thanks to you, the moon and stars will continue to shine, guiding and inspiring all who look upon them."

Léo, exhausted but happy, smiled. He now knew that even a little squirrel could accomplish great things with courage and a pure heart. They returned to the forest, where Léo was welcomed as a hero by his friends and family. Every evening, as he looked at the moon and stars, Léo remembered his extraordinary adventure and the lessons he had learned.

And so, the story of the squirrel and the starry moon became a legend in the forest, told from generation to generation to inspire little animals to believe in themselves and pursue their dreams, no matter the obstacles.

Le Cerf et l'Étoile Oubliée

Dans une forêt enchantée, où les arbres semblaient chuchoter des secrets anciens et où la brume du matin dansait autour des fleurs sauvages, vivait un jeune cerf nommé Émile. Émile n'était pas un cerf ordinaire. Sa curiosité et son cœur pur le poussaient à explorer les coins les plus reculés de la forêt, à la recherche de mystères et de merveilles.

Un soir, alors que la lune était pleine et brillait d'une lumière argentée, Émile remarqua une lueur étrange parmi les branches des arbres. Intrigué, il s'approcha et découvrit une petite étoile, éteinte et perdue dans les feuilles. Émile savait que cette étoile n'appartenait pas à la forêt, mais au ciel étoilé qu'il admirait tant chaque nuit.

« Pauvre petite étoile, » murmura-t-il. « Comment es-tu arrivée ici ? »

Comme s'il avait entendu son chuchotement, l'étoile brilla faiblement. « Je suis tombée, » répondit-elle d'une voix douce et triste. « Et maintenant, je suis oubliée. »

Émile, touché par la détresse de l'étoile, décida de l'aider à retrouver sa place dans le ciel. « Ne t'inquiète pas, petite étoile. Je vais te ramener là-haut, » promit-il.

Mais ce n'était pas une tâche facile. La forêt était vaste et pleine de dangers. Émile savait qu'il aurait besoin de l'aide de ses amis pour accomplir cette mission. Il se mit en route, portant l'étoile délicatement sur son dos.

Son premier arrêt fut chez Sélène, une vieille chouette sage. « Sélène, » appela Émile doucement. « J'ai besoin de ton aide pour ramener cette étoile dans le ciel. »

Sélène, après avoir écouté l'histoire d'Émile, hocha la tête. « Il y a un sentier ancien, » dit-elle. « Un chemin secret connu seulement de quelques-uns, qui mène à la Montagne Céleste. C'est là que tu dois aller. Mais fais attention, le chemin est parsemé d'embûches. »

Avec gratitude, Émile remercia Sélène et suivit ses instructions. La première épreuve fut de traverser la Rivière des Miroirs, un cours d'eau si clair qu'il reflétait parfaitement le ciel nocturne. Émile, portant l'étoile, sauta de pierre en pierre, guidé par les reflets des étoiles au-dessus de lui.

De l'autre côté de la rivière, Émile rencontra un renard rusé nommé Félix. « Bonjour, jeune cerf, » dit Félix en souriant. « Où vas-tu avec cette étoile sur ton dos ? »

Émile expliqua sa mission, et Félix, impressionné par le courage du cerf, proposa de l'aider. « Je connais un raccourci à travers la Forêt des Ombres. Suis-moi. »

Ils traversèrent ensemble la Forêt des Ombres, un endroit sombre et mystérieux où les arbres semblaient murmurer des avertissements. Mais avec Félix à ses côtés, Émile se sentait plus fort et plus courageux. Ils suivirent le sentier sinueux, évitant les pièges et les fosses cachées.

Après de nombreuses heures de marche, ils atteignirent la base de la Montagne Céleste. Le sommet était si haut qu'il semblait toucher les étoiles. Émile savait que la montée serait ardue, mais il était déterminé à continuer.

« Je dois y aller seul, » dit-il à Félix. « Merci pour ton aide. »

Félix hocha la tête, respectant la décision d'Émile. « Bonne chance, mon ami. Que les étoiles te guident. »

Émile commença l'ascension, chaque pas demandant un effort immense. La montagne était escarpée et les vents froids rendaient la montée encore plus difficile. Mais chaque fois qu'il sentait ses forces faiblir, il regardait l'étoile sur son dos et se rappelait de sa promesse.

À mi-chemin, il rencontra une chèvre des montagnes nommée Gaspard. « Tu sembles fatigué, jeune cerf, » dit Gaspard avec un sourire bienveillant. « Prends cette herbe magique. Elle te donnera la force nécessaire pour atteindre le sommet. »

Émile accepta avec gratitude, mâchant l'herbe qui lui redonna énergie et vigueur. « Merci, Gaspard. »

Revigoré, il continua son ascension. Le chemin devenait de plus en plus raide, mais Émile ne s'arrêtait pas. Finalement, après ce qui sembla une éternité, il atteignit le sommet de la Montagne Céleste. Là, la vue était magnifique : le ciel étoilé s'étendait à l'infini, brillant de mille feux.

Émile plaça délicatement l'étoile au sommet de la montagne. « Voici ta place, petite étoile, » murmura-t-il. « Tu es à nouveau chez toi. »

L'étoile brilla intensément, illuminant le sommet de la montagne d'une lumière douce et réconfortante. « Merci, Émile, » dit-elle. « Grâce à toi, je peux à nouveau briller et guider les rêveurs de la nuit. »

Émile, épuisé mais heureux, regarda l'étoile avec un sourire. « Tu m'as aussi guidé, » dit-il doucement. « Merci pour cette aventure. »

Il redescendit la montagne, son cœur rempli de joie et de satisfaction. Lorsqu'il arriva à la forêt, il fut accueilli en héros par ses amis. Chaque soir, en regardant le ciel étoilé, Émile se souvenait de son incroyable aventure et des leçons qu'il avait apprises.

Et ainsi, l'histoire du cerf et de l'étoile oubliée devint une légende dans la forêt, racontée de génération en génération pour inspirer les jeunes animaux à croire en eux-mêmes et à ne jamais abandonner leurs rêves, peu importe les obstacles.

The Deer and the Forgotten Star

In an enchanted forest, where the trees seemed to whisper ancient secrets and the morning mist danced around wildflowers, lived a young deer named Émile. Émile was not an ordinary deer. His curiosity and pure heart drove him to explore the most remote corners of the forest, searching for mysteries and wonders.

One evening, as the moon was full and shone with a silvery light, Émile noticed a strange glow among the tree branches. Intrigued, he approached and discovered a small star, dim and lost in the leaves. Émile knew that this star did not belong to the forest, but to the starry sky he admired every night.

"Poor little star," he whispered. "How did you get here?"

As if hearing his whisper, the star glowed faintly. "I fell," it replied in a soft and sad voice. "And now, I am forgotten."

Émile, touched by the star's plight, decided to help it find its place back in the sky. "Don't worry, little star. I'll take you back up there," he promised.

But it was not an easy task. The forest was vast and full of dangers. Émile knew he would need the help of his friends to accomplish this mission. He set off, carrying the star gently on his back.

His first stop was at Sélène, an old wise owl. "Sélène," Émile called softly. "I need your help to return this star to the sky."

Sélène, after listening to Émile's story, nodded. "There is an ancient path," she said. "A secret trail known only to a few, leading to the Celestial Mountain. That's where you must go. But be careful, the path is fraught with peril."

With gratitude, Émile thanked Sélène and followed her instructions. The first challenge was to cross the Mirror River, a stream so clear it perfectly reflected the night sky. Émile, carrying the star, leapt from stone to stone, guided by the reflections of the stars above him.

On the other side of the river, Émile met a cunning fox named Felix. "Hello, young deer," Felix said with a smile. "Where are you going with that star on your back?"

Émile explained his mission, and Felix, impressed by the deer's courage, offered to help. "I know a shortcut through the Shadow Forest. Follow me."

They traversed the Shadow Forest together, a dark and mysterious place where the trees seemed to whisper warnings. But with Felix by his side, Émile felt stronger and braver. They followed the winding path, avoiding hidden traps and pits.

After many hours of walking, they reached the base of the Celestial Mountain. The summit was so high it seemed to touch the stars. Émile knew the climb would be arduous, but he was determined to continue.

"I must go alone," he said to Felix. "Thank you for your help."

Felix nodded, respecting Émile's decision. "Good luck, my friend. May the stars guide you."

Émile began the ascent, each step requiring immense effort. The mountain was steep, and the cold winds made the climb even more difficult. But whenever he felt his strength wane, he looked at the star on his back and remembered his promise.

Halfway up, he met a mountain goat named Gaspard. "You look tired, young deer," said Gaspard with a kindly smile. "Take this magical herb. It will give you the strength you need to reach the top."

Émile accepted gratefully, chewing the herb that rejuvenated his energy and vigor. "Thank you, Gaspard."

Revitalized, he continued his climb. The path grew steeper and more challenging, but Émile did not stop. Finally, after what seemed like an eternity, he reached the summit of the Celestial Mountain. There, the view was magnificent: the starry sky stretched infinitely, shining with a thousand lights.

Émile gently placed the star at the summit of the mountain. "Here is your place, little star," he murmured. "You are home again."

The star glowed intensely, illuminating the mountaintop with a soft, comforting light. "Thank you, Émile," it said. "Thanks to you, I can shine again and guide the dreamers of the night."

Émile, exhausted but happy, looked at the star with a smile. "You also guided me," he said softly. "Thank you for this adventure."

He descended the mountain, his heart filled with joy and satisfaction. When he returned to the forest, he was welcomed as a hero by his friends. Every evening, as he looked up at the starry sky, Émile remembered his extraordinary adventure and the lessons he had learned.

And so, the story of the deer and the forgotten star became a legend in the forest, passed down from generation to generation to inspire young animals to believe in themselves and never give up on their dreams, no matter the obstacles.

La Chanson de la Forêt Lumineuse

Dans une forêt magique, où les arbres chantaient doucement et les ruisseaux murmuraient des mélodies anciennes, vivait un petit lapin nommé Louis. Louis était un lapin curieux et rêveur, toujours en quête de nouvelles aventures et de trésors cachés. Mais ce qu'il aimait par-dessus tout, c'était écouter les chansons de la forêt. Chaque matin, il se réveillait au son des oiseaux et chaque soir, il s'endormait avec les chants des grenouilles.

Un jour, alors que le soleil se levait à peine et que la rosée scintillait sur les feuilles, Louis entendit un chant différent, quelque chose qu'il n'avait jamais entendu auparavant. La mélodie était douce et envoûtante, comme un murmure du vent à travers les arbres. Intrigué, Louis suivit la musique, espérant découvrir la source de cette chanson mystérieuse.

Il traversa la clairière, sauterelles et papillons virevoltant autour de lui, jusqu'à ce qu'il arrive à une petite grotte dissimulée derrière un rideau de lianes. La musique venait de là. Avec un mélange d'excitation et de nervosité, Louis s'avança et poussa doucement la liane pour entrer dans la grotte.

À l'intérieur, il découvrit une scène éblouissante : des lucioles illuminaient la grotte, créant une ambiance magique, et au centre, se tenait un vieil hibou aux plumes argentées. Le hibou jouait une harpe en bois ancien, ses ailes effleurant les cordes avec une grâce qui semblait faire naître la mélodie elle-même.

« Bonjour, petit lapin, » dit le hibou d'une voix douce. « Je suis Odo, le Gardien des Chants Anciens. »

« Bonjour, Odo, » répondit Louis, les yeux brillants d'émerveillement. « J'ai entendu ta musique et elle est magnifique. Que fais-tu ici ? »

Odo sourit avec bienveillance. « Cette chanson que tu entends est une mélodie ancienne, une chanson de la forêt. Elle a le pouvoir de raviver les souvenirs perdus et de guérir les cœurs fatigués. Mais elle est incomplète. Je cherche un autre morceau de cette chanson, caché quelque part dans la forêt. »

Louis, touché par l'histoire du hibou, proposa immédiatement son aide. « Je veux t'aider à trouver ce morceau manquant. Ensemble, nous pourrons compléter la chanson. »

Odo accepta avec gratitude. « Merci, Louis. La première étape de notre quête est de chercher dans la Vallée des Murmures. C'est un endroit où les vents soufflent des secrets et où les arbres murmurent des histoires anciennes. »

Louis et Odo se mirent en route, traversant la forêt enchantée. Ils arrivèrent bientôt à la Vallée des Murmures, où les arbres semblaient se pencher pour écouter les secrets que les vents leur chuchotaient. Le sol était recouvert de mousse épaisse, et des pierres moussues formaient des sentiers sinueux à travers les arbres.

« Écoute attentivement, Louis, » dit Odo. « Les vents portent les secrets de la forêt. La chanson que nous cherchons pourrait être cachée dans ces murmures. »

Louis ferma les yeux et écouta. Les murmures du vent formaient une mélodie douce, une chanson incomplète qui résonnait dans son cœur. Il suivit les sons, guidé par l'intuition et la sagesse des murmures.

Après un certain temps, ils découvrirent une pierre ancienne, ornée de symboles mystérieux. En grattant doucement la pierre, Louis trouva une petite boîte en bois cachée à l'intérieur. Il l'ouvrit avec précaution et découvrit une clé dorée et un parchemin ancien.

« Voici le morceau que nous cherchions, » dit Odo en examinant le parchemin. « Mais il nous manque encore quelque chose. Cette clé doit ouvrir une porte cachée quelque part dans la forêt. »

Louis et Odo poursuivirent leur quête, utilisant la clé pour ouvrir des portes secrètes et résoudre des énigmes tout au long de leur chemin. Ils trouvèrent des indices dans des lieux magiques : sous un vieux chêne, derrière une cascade scintillante, et même dans les étoiles qui brillaient dans le ciel nocturne.

Finalement, ils arrivèrent à un grand arbre ancien, le Cœur de la Forêt. L'arbre était majestueux, avec des branches étendues qui semblaient toucher le ciel. Au tronc de l'arbre, il y avait une porte cachée, couverte de lianes et de mousse. Louis inséra la clé dorée dans la serrure, et la porte s'ouvrit lentement avec un grincement doux.

À l'intérieur, ils trouvèrent une petite chambre illuminée par une lumière dorée. Au centre de la pièce se trouvait une harpe en cristal, et sur un piédestal en face d'elle reposait une partition musicale ancienne. Louis prit la partition avec soin et la remit à Odo.

« C'est le morceau manquant, » dit Odo, les yeux brillants de joie. « Avec cela, nous pourrons compléter la chanson. »

Ils retournèrent à la grotte, où Odo joua le morceau complet sur sa harpe en bois. La mélodie, maintenant complète, résonna à travers la forêt, remplissant l'air de sa beauté enchanteresse. Les arbres se mirent à chanter en harmonie avec la musique, et les animaux de la forêt se rassemblèrent pour écouter.

Louis, ému par la beauté de la chanson, sentit son cœur se remplir de joie. « Merci, Odo, pour cette aventure extraordinaire. Je n'oublierai jamais cette musique. »

Odo sourit et posa une patte sur l'épaule de Louis. « Merci à toi, petit lapin, pour ton courage et ta détermination. La chanson de la forêt ne sera jamais oubliée grâce à toi. »

Louis rentra chez lui, portant avec lui le souvenir de cette aventure magique. Chaque soir, en regardant les étoiles, il se rappelait la chanson de la forêt et la beauté du monde qui l'entourait. Il savait maintenant que même les chansons les plus anciennes ont une place dans le cœur de ceux qui sont prêts à écouter et à chercher.

Et ainsi, la chanson de la forêt lumineuse devint une légende parmi les animaux, un symbole de l'amour, de l'aventure et de la magie qui se cachent dans chaque note de musique. La mélodie continuait de résonner à travers les arbres, rappelant à tous que

les trésors les plus précieux sont souvent trouvés en cherchant
avec un cœur ouvert et curieux.

43

The Song of the Luminous Forest

In a magical forest, where the trees sang softly and the streams murmured ancient melodies, lived a little bunny named Louis. Louis was a curious and dreamy rabbit, always on the lookout for new adventures and hidden treasures. But what he loved most was listening to the songs of the forest. Every morning, he awoke to the sound of birds, and every evening, he fell asleep to the songs of the frogs.

One day, as the sun was barely rising and the dew sparkled on the leaves, Louis heard a different song, something he had never heard before. The melody was soft and enchanting, like a whisper of the wind through the trees. Intrigued, Louis followed the music, hoping to discover the source of this mysterious song.

He crossed the clearing, with grasshoppers and butterflies fluttering around him, until he arrived at a small cave hidden behind a curtain of vines. The music was coming from there. With a mixture of excitement and nervousness, Louis approached and gently pushed aside the vine to enter the cave.

Inside, he discovered a dazzling scene: fireflies illuminated the cave, creating a magical ambiance, and in the center stood an old owl with silver feathers. The owl was playing an ancient wooden harp, its wings brushing the strings with a grace that seemed to bring the melody to life.

"Hello, little bunny," said the owl in a soft voice. "I am Odo, the Guardian of Ancient Songs."

"Hello, Odo," replied Louis, his eyes sparkling with wonder. "I heard your music, and it is beautiful. What are you doing here?"

Odo smiled kindly. "This song you hear is an ancient melody, a song of the forest. It has the power to revive lost memories and heal weary hearts. But it is incomplete. I am searching for another piece of this song, hidden somewhere in the forest."

Louis, touched by the owl's story, immediately offered his help. "I want to help you find the missing piece. Together, we can complete the song."

Odo accepted gratefully. "Thank you, Louis. The first step in our quest is to search in the Valley of Whispers. It is a place where the winds carry secrets and the trees whisper ancient stories."

Louis and Odo set out, crossing the enchanted forest. They soon arrived at the Valley of Whispers, where the trees seemed to lean in to listen to the secrets the winds whispered to them. The ground was covered

with thick moss, and mossy stones formed winding paths through the trees.

"Listen carefully, Louis," Odo said. "The winds carry the forest's secrets. The song we seek might be hidden in these whispers."

Louis closed his eyes and listened. The whispers of the wind formed a gentle melody, an incomplete song that resonated in his heart. He followed the sounds, guided by intuition and the wisdom of the whispers.

After a while, they discovered an ancient stone adorned with mysterious symbols. By gently scratching the stone, Louis found a small wooden box hidden inside. He opened it carefully and discovered a golden key and an old parchment.

"Here is the piece we were looking for," said Odo, examining the parchment. "But we still need something. This key must open a hidden door somewhere in the forest."

Louis and Odo continued their quest, using the key to unlock secret doors and solve puzzles along their path. They found clues in magical places: under an old oak tree, behind a sparkling waterfall, and even among the stars shining in the night sky.

Eventually, they arrived at a grand ancient tree, the Heart of the Forest. The tree was majestic, with branches extending as if touching the sky. At the trunk of the tree was a hidden door, covered with vines and moss. Louis inserted the golden key into the lock, and the door opened slowly with a soft creak.

Inside, they found a small chamber illuminated by golden light. In the center of the room stood a crystal harp, and on a pedestal in front of it rested an ancient musical score. Louis carefully took the score and handed it to Odo.

"This is the missing piece," said Odo, eyes shining with joy. "With this, we can complete the song."

They returned to the cave, where Odo played the complete piece on his wooden harp. The melody, now complete, resonated through the forest, filling the air with its enchanting beauty. The trees began to sing in harmony with the music, and the forest animals gathered to listen.

Louis, moved by the beauty of the song, felt his heart fill with joy. "Thank you, Odo, for this extraordinary adventure. I will never forget this music."

Odo smiled and placed a wing on Louis's shoulder. "Thank you, little bunny, for your courage and determination. The song of the forest will never be forgotten thanks to you."

Louis returned home, carrying with him the memory of this magical adventure. Each evening, as he looked up at the stars, he remembered the song of the forest and the beauty of the world around him. He now knew that even the oldest songs have a place in the hearts of those who are willing to listen and search.

And so, the Song of the Luminous Forest became a legend among the animals, a symbol of love, adventure, and magic hidden in every note of music. The melody continued to resonate through the trees, reminding everyone that the most precious treasures are often found by searching with an open and curious heart.

Le Secret du Vieux Chêne

Dans une forêt paisible, où les feuilles bruissaient doucement sous la caresse du vent et où les rayons du soleil dansaient à travers les branches, vivait une jeune renarde nommée Clara. Clara était connue pour sa curiosité et son esprit aventureux. Elle passait ses journées à explorer la forêt, à découvrir de nouveaux endroits et à rencontrer de nouveaux amis.

Un matin, alors qu'elle se promenait près du ruisseau, Clara aperçut quelque chose d'étrange. Un vieux chêne, immense et majestueux, se dressait devant elle. Mais ce n'était pas n'importe quel chêne. Ce chêne semblait murmurer, comme s'il avait des secrets à révéler. Intriguée, Clara s'approcha et posa doucement sa patte sur l'écorce rugueuse.

« Que caches-tu, vieux chêne ? » murmura-t-elle.

À cet instant, une branche basse bougea légèrement et révéla une petite porte cachée dans le tronc. Clara, les yeux écarquillés de surprise, ouvrit délicatement la porte et découvrit un escalier en colimaçon qui descendait dans l'obscurité. Sans hésiter, elle s'aventura à l'intérieur, déterminée à découvrir ce que le vieux chêne gardait secret.

L'escalier semblait interminable, mais enfin, Clara atteignit une grande salle souterraine. La lumière du jour, filtrée par des fissures dans le tronc, éclairait doucement la pièce. Au centre, se trouvait une table ronde en pierre, sur laquelle reposait un vieux livre en cuir et une petite clé en or.

Clara prit le livre et l'ouvrit avec précaution. À l'intérieur, elle découvrit des pages remplies de dessins et d'écritures mystérieuses. Chaque page semblait raconter une histoire différente, des légendes oubliées et des contes anciens. Mais ce qui attira le plus son attention, c'était une carte détaillée de la forêt, avec une croix marquée à un endroit précis.

« Cela doit être le lieu où le secret est caché, » se dit Clara. « La clé doit ouvrir quelque chose là-bas. »

Sans perdre un instant, Clara remonta l'escalier et se dirigea vers l'endroit indiqué sur la carte. Le chemin était long et parfois difficile, mais elle était déterminée à découvrir le secret. En chemin, elle rencontra ses amis – Oscar le hibou, Mia la souris et Hugo le hérisson – et leur raconta son aventure.

« Nous voulons t'aider, Clara, » dit Oscar. « Ensemble, nous trouverons le secret du vieux chêne. »

Ensemble, ils suivirent la carte, traversant des rivières, grimpant des collines et traversant des clairières ensoleillées. Chaque étape du voyage rapprochait Clara et ses amis du mystère qu'ils cherchaient à dévoiler.

Finalement, ils arrivèrent à un petit monticule recouvert de mousse. Au sommet, ils trouvèrent une pierre plate avec une serrure en or, parfaitement adaptée à la clé que Clara avait trouvée. Avec une excitation palpable, Clara inséra la clé et tourna doucement. La pierre se déplaça, révélant un coffre en bois ancien.

À l'intérieur du coffre, ils découvrirent une boîte en cristal contenant une lumière douce et brillante. En l'ouvrant, la lumière se répandit, illuminant leurs visages émerveillés.

« C'est magnifique ! » s'exclama Mia. « Mais qu'est-ce que c'est ? »

Oscar, qui avait lu de nombreux livres sur les légendes de la forêt, réfléchit un instant avant de répondre. « Je crois que c'est l'Éclat de la Vie, une lumière magique qui aurait le pouvoir de guérir et de protéger notre forêt. »

Clara et ses amis se regardèrent, stupéfaits par la beauté et la puissance du secret qu'ils avaient découvert. « Nous devons partager cette lumière avec tous les habitants de la forêt, » dit Clara avec détermination. « Elle doit être utilisée pour apporter joie et protection à notre maison. »

Ils ramenèrent soigneusement l'Éclat de la Vie à la clairière centrale de la forêt. Les animaux se rassemblèrent autour de la lumière, fascinés et émerveillés. En touchant doucement l'Éclat, chacun sentit une vague de chaleur et de bonheur les envelopper.

Sous la lueur bienveillante de l'Éclat de la Vie, la forêt devint un lieu de paix et de prospérité. Les arbres semblaient plus verts, les fleurs plus éclatantes, et les rivières plus cristallines. Les animaux vivaient en harmonie, sachant que la lumière magique veillait sur eux.

Clara et ses amis furent acclamés en héros pour leur courage et leur détermination à découvrir le secret du vieux chêne. Leur aventure devint une légende racontée de génération en génération, rappelant à tous l'importance de la curiosité, de l'amitié et de la protection de la nature.

Chaque soir, Clara regardait la lumière de l'Éclat de la Vie et se souvenait de son incroyable aventure. Elle savait que tant qu'elle écouterait les murmures des arbres et suivrait son cœur, elle découvrirait toujours de nouveaux secrets et merveilles dans sa forêt bien-aimée.

The Secret of the Old Oak

In a peaceful forest, where the leaves rustled gently under the caress of the wind and where the sun's rays danced through the branches, lived a young fox named Clara. Clara was known for her curiosity and adventurous spirit. She spent her days exploring the forest, discovering new places, and making new friends.

One morning, while strolling near the stream, Clara noticed something strange. An old oak tree, immense and majestic, stood before her. But this was no ordinary oak. This oak seemed to whisper, as if it had secrets to reveal. Intrigued, Clara approached and gently placed her paw on the rough bark.

"What are you hiding, old oak?" she whispered.

At that moment, a low branch moved slightly, revealing a small door hidden in the trunk. Clara, her eyes wide with surprise, gently opened the door and discovered a spiral staircase descending into darkness. Without hesitation, she ventured inside, determined to uncover what the old oak was hiding.

The staircase seemed endless, but finally, Clara reached a large underground room. The daylight, filtered through cracks in the trunk, gently illuminated the space. In the center stood a round stone table, on which rested an old leather book and a small golden key.

Clara took the book and opened it carefully. Inside, she found pages filled with drawings and mysterious writings. Each page seemed to tell a different story, forgotten legends, and ancient tales. But what caught her attention the most was a detailed map of the forest, with a cross marked at a specific spot.

"This must be where the secret is hidden," Clara said to herself. "The key must open something there."

Without wasting a moment, Clara climbed back up the staircase and headed to the place marked on the map. The path was long and sometimes difficult, but she was determined to uncover the secret. Along the way, she met her friends – Oscar the owl, Mia the mouse, and Hugo the hedgehog – and told them about her adventure.

"We want to help you, Clara," said Oscar. "Together, we can find the secret of the old oak."

Together, they followed the map, crossing rivers, climbing hills, and traversing sunny clearings. Each step of the journey brought Clara and her friends closer to the mystery they sought to unveil.

Finally, they arrived at a small moss-covered mound. At the top, they found a flat stone with a golden lock, perfectly suited to the key Clara had found. With palpable excitement, Clara inserted the key and turned it gently. The stone moved, revealing an ancient wooden chest.

Inside the chest, they discovered a crystal box containing a soft, glowing light. When they opened it, the light spread, illuminating their amazed faces.

"It's beautiful!" exclaimed Mia. "But what is it?"

Oscar, who had read many books on the legends of the forest, thought for a moment before answering. "I believe it's the Shard of Life, a magical light said to have the power to heal and protect our forest."

Clara and her friends looked at each other, stunned by the beauty and power of the secret they had discovered. "We must share this light with all the forest inhabitants," Clara said determinedly. "It must be used to bring joy and protection to our home."

They carefully brought the Shard of Life back to the central clearing of the forest. The animals gathered around the light, fascinated and amazed. By gently touching the Shard, each felt a wave of warmth and happiness envelop them.

Under the benevolent glow of the Shard of Life, the forest became a place of peace and prosperity. The trees seemed greener, the flowers more vibrant, and the rivers clearer. The animals lived in harmony, knowing that the magical light watched over them.

Clara and her friends were hailed as heroes for their courage and determination in uncovering the secret of the old oak. Their adventure became a legend passed down from generation to generation, reminding everyone of the importance of curiosity, friendship, and protecting nature.

Each evening, Clara looked at the light of the Shard of Life and remembered her incredible adventure. She knew that as long as she listened to the whispers of the trees and followed her heart, she would always discover new secrets and wonders in her beloved forest.

La Danse de la Pluie

Dans un petit village niché entre les collines verdoyantes, les habitants attendaient la pluie depuis des semaines. Le soleil brillait intensément chaque jour, et les champs commençaient à souffrir de la sécheresse. Les enfants du village, qui aimaient jouer dehors, regardaient le ciel avec espoir, mais aucun nuage ne venait assombrir l'horizon.

Parmi eux, il y avait une petite fille nommée Elise. Elise avait de grands yeux curieux et un sourire qui éclairait son visage même les jours les plus chauds. Un matin, alors qu'elle se promenait près du vieux chêne au bout du village, elle rencontra un vieil homme mystérieux assis sous l'arbre. Il portait un chapeau large et des vêtements qui semblaient aussi anciens que l'arbre lui-même.

« Bonjour, monsieur, » dit Elise poliment. « Qui êtes-vous ? »

Le vieil homme leva les yeux et sourit. « Bonjour, petite, » répondit-il. « Je suis un gardien de secrets. Et toi, qui es-tu ? »

« Je m'appelle Elise, » répondit-elle. « Pourquoi êtes-vous ici ? »

« Je suis ici pour aider ce village à retrouver la pluie, » dit-il doucement. « Voulez-vous m'aider ? »

Elise hocha la tête avec enthousiasme. « Oui, monsieur, je veux aider ! »

Le vieil homme se leva et tendit la main à Elise. « Alors, suivez-moi. Nous devons trouver les instruments pour la Danse de la Pluie. »

Ils marchèrent ensemble à travers les collines, le vieil homme racontant des histoires anciennes sur la pluie et la magie qu'elle apportait. Ils trouvèrent une clairière cachée où des fleurs lumineuses poussaient malgré la sécheresse. Au centre de la clairière se trouvait un petit étang d'eau claire.

« C'est ici que commence la magie, » dit le vieil homme. « Nous devons récupérer les instruments cachés dans cette clairière. »

Elise chercha avec soin et découvrit un tambour fait de bois et de peau, une flûte en roseau, et des grelots argentés. Le vieil homme prit le tambour et commença à jouer un rythme lent et profond. Elise suivit avec la flûte, et les grelots accrochés à ses poignets tintaient doucement avec chaque mouvement.

Au fur et à mesure qu'ils jouaient, les fleurs autour d'eux commencèrent à danser doucement au rythme de la musique. Elise ferma les yeux et se laissa emporter par la mélodie, sentant une connexion profonde avec la nature autour d'elle.

Soudain, elle sentit une goutte froide sur son nez. Elle ouvrit les yeux et vit que le ciel s'assombrissait, des nuages épais se formant au-dessus de la clairière. La pluie commença à tomber doucement, puis de plus en plus fort, jusqu'à devenir une averse rafraîchissante.

Les habitants du village sortirent de leurs maisons, levant les bras en l'air, riant et dansant sous la pluie. Les champs desséchés buvaient avidement l'eau tant attendue, et la vie revenait peu à peu.

Le vieil homme regarda Elise avec une étincelle de fierté dans les yeux. « Vous avez réussi, Elise, » dit-il. « Vous avez fait revenir la pluie. »

« Mais comment ai-je fait ? » demanda Elise, émerveillée.

« Vous avez écouté le rythme de la nature et vous avez joué avec votre cœur, » répondit-il. « La vraie magie vient de la connexion entre vous et le monde autour de vous. »

Elise sourit, comprenant qu'elle avait découvert quelque chose de précieux. « Merci, monsieur. »

Le vieil homme hocha la tête et disparut doucement, comme un rêve au réveil. Elise retourna au village, la pluie tombant encore, apportant la vie et la joie à tous ceux qu'elle touchait.

Et ainsi, chaque fois que le village avait besoin de pluie, les habitants se souvenaient de la Danse de la Pluie d'Elise. Ils jouaient de la musique et dansaient avec le cœur, sachant que la pluie viendrait toujours quand ils en auraient besoin.

The Rain Dance

In a small village nestled between the green hills, the inhabitants had been waiting for rain for weeks. The sun shone intensely every day, and the fields began to suffer from drought. The children of the village, who loved to play outside, watched the sky with hope, but no clouds came to darken the horizon.

Among them was a little girl named Elise. Elise had big curious eyes and a smile that lit up her face even on the hottest days. One morning, while she was walking near the old oak tree at the edge of the village, she met a mysterious old man sitting under the tree. He wore a wide hat and clothes that seemed as old as the tree itself.

"Hello, sir," Elise said politely. "Who are you?"

The old man looked up and smiled. "Hello, little one," he replied. "I am a keeper of secrets. And who are you?"

"My name is Elise," she replied. "Why are you here?"

"I am here to help this village find the rain again," he said softly. "Would you like to help me?"

Elise nodded enthusiastically. "Yes, sir, I want to help!"

The old man stood up and extended his hand to Elise. "Then follow me. We need to find the instruments for the Rain Dance."

They walked together through the hills, the old man telling ancient stories about the rain and the magic it brought. They found a hidden clearing where bright flowers grew despite the drought. In the center of the clearing was a small pond of clear water.

"This is where the magic begins," said the old man. "We must retrieve the instruments hidden in this clearing."

Elise searched carefully and discovered a drum made of wood and skin, a reed flute, and silver bells. The old man took the drum and began to play a slow, deep rhythm. Elise followed with the flute, and the bells attached to her wrists jingled softly with each movement.

As they played, the flowers around them began to dance gently to the rhythm of the music. Elise closed her eyes and let herself be carried away by the melody, feeling a deep connection with the nature around her.

Suddenly, she felt a cold drop on her nose. She opened her eyes and saw that the sky was darkening, thick clouds forming above the clearing. The rain began to fall softly, then more and more heavily, until it became a refreshing downpour.

The villagers came out of their houses, raising their arms in the air, laughing and dancing in the rain. The parched fields eagerly drank the much-needed water, and life gradually returned.

The old man looked at Elise with a spark of pride in his eyes. "You did it, Elise," he said. "You brought the rain back."

"But how did I do it?" Elise asked, amazed.

"You listened to the rhythm of nature and played with your heart," he replied. "True magic comes from the connection between you and the world around you."

Elise smiled, understanding that she had discovered something precious. "Thank you, sir."

The old man nodded and quietly disappeared, like a dream upon waking. Elise returned to the village, the rain still falling, bringing life and joy to all it touched.

And so, whenever the village needed rain, the inhabitants remembered Elise's Rain Dance. They played music and danced with their hearts, knowing that the rain would always come when they needed it.